KB184244

나는 죽고 십자가로 하나되는 공동체 ❶

자기부인

나를 버리고 예수님을 만나는 삶

나는 죽고 십자가로 하나되는 공동체 ❶ 자기부인

나를 버리고 예수님을 만나는 삶

초판 1쇄 발행 2022년 12월 9일
초판 6쇄 발행 2023년 2월 22일

지은이 유기성

기획·편집 홍정호 유지영 김지영
디자인 파크인미 bookpark@kakao.com

펴낸곳 도서출판 위드지저스
등록번호 제251-2021-000163호
주 소 경기도 성남시 분당구 하오개로344번길 2
전 화 031-759-8308 | **팩 스** 031-759-8309
전자우편 wjp@wjm.kr

ISBN 979-11-91027-27-3(04230)
979-11-91027-24-2(세트)

* 잘못된 책은 바꿔드립니다.
* 책값은 뒤표지에 있습니다.

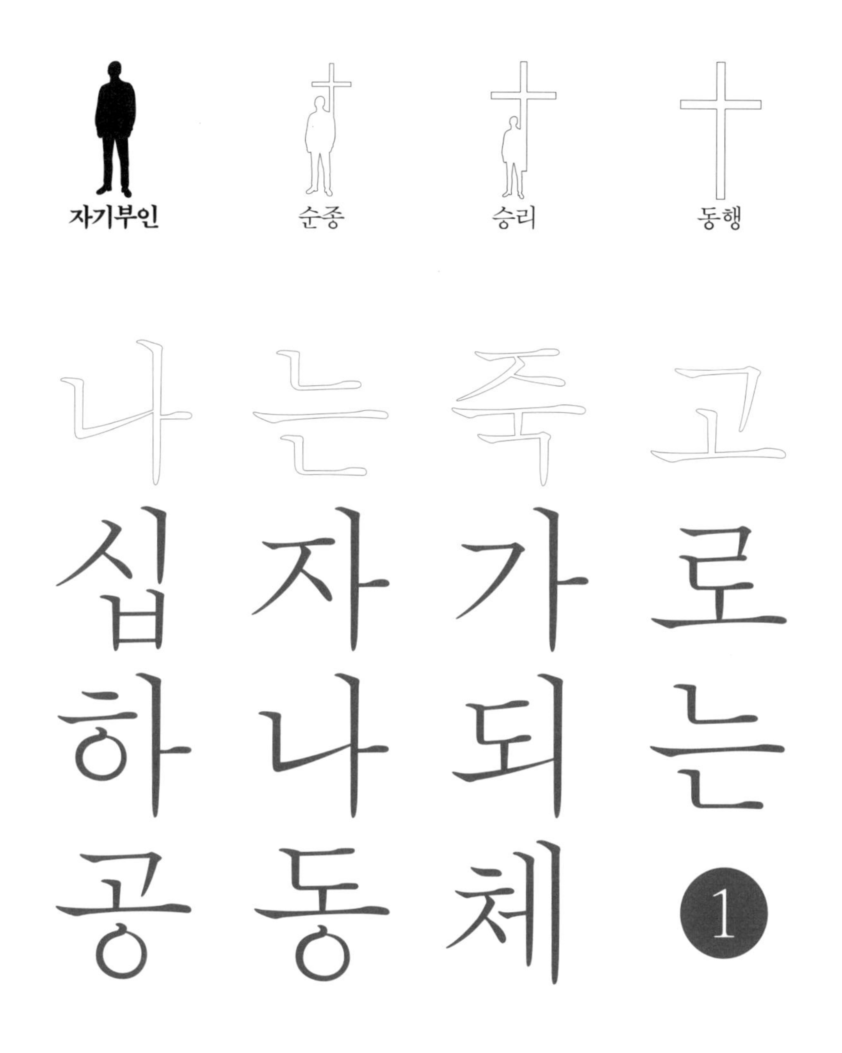

나를 버리고 예수님을 만나는 삶

유기성 지음

위드지저스

머리말

《예수님의 사람》 제자훈련 수료식 때면 저는 매번 말할 수 없는 감동을 받습니다. 한 남자 집사님이 강단에 섰습니다. 그의 간증은 밋밋하게 시작되었으나 목소리는 떨리고 있었습니다. 그러다가 거의 울먹이는 소리가 되었습니다.

> 저는 정말 죄인이었습니다. 예수님을 믿기 전에는 우상숭배, 마귀와의 타협, 부모홀대, 형제간 불화, 탐심, 거짓, 음란, 음욕, 외도, 핑계, 게으름 등 죄라고 하는 것은 모두 행한 것 같아 글로 다 쓸 수 없을 지경입니다. 이 엄청난 죄들 앞에서 저는 어찌할 바를 몰랐습니다. '과연 용서받을 수 있을까?'라고 생각했습니다. 그런데 제자훈련을 받으면서 하나님의 말씀이 제 마음에 박혀 들어왔습니다. '아무리 큰 죄라도 주 앞에서 고백하면 흰 눈과 같이 깨끗이 씻어주시며 기억하지 않겠다.' 완전한 용서, 단 1%도 남기지 않는 십자가의 용서가 저에게 믿음으로 다가왔을 때 감사와 감격이 몰려왔습니다.

집사님의 간증을 듣고 저도 함께 울었습니다. 그러면서 생각했습니다. '무엇이 저 집사님을 저렇게 고백하게 하는 것일까?' 성령께서 말씀으로 십자가의 예수님을 바라보게 하신 것입니다.

나이가 지긋하신 남자 성도님이 예상치 못한 고백을 하셨습니다.

제자훈련을 받으면서 비로소 주님의 사랑을 깨달았습니다. 그리고 성령께서 저에게 한가지 일을 강권하심을 느꼈습니다. 그동안 제 완고함 때문에 상처받았던 며느리에게 찾아갔습니다. 그리고 며느리에게 용서를 빌었습니다. … 나중에 아들로부터 감사하다는 전화가 왔습니다. … 하나님께서 부어주신 사랑으로 우리 가정이 완전히 회복되는 사건이 일어났습니다. 저는 이제 사랑하는 자로 살면서 더 이상 다른 사람들의 아픔을 그냥 지나치지 못할 것 같습니다.

역시 예수님이 하셨습니다.
똑똑하고 야무지게 생기신 여자 집사님이 고백하였습니다.

그동안 나는 눈만 밝아져서 다른 사람을 특히, 남편을 힘들게 했습니다. 문제만 생기면 남편에게 책임을 떠넘기며 비난을 퍼부었습니다. 그러나 제자훈련을 받으면서 그 모든 문제가 남편이 아닌 저에게 있다는 것을 알았습니다. 다른 사람을 변화시키려 하지 말고 내 자신이 먼저 변화되어야 한다는 것을 깨닫게 되었습니다. 제자훈련을 통해 화가 나도 참게 되고 염려를 많이 떨쳐버릴 수 있게 되었습니다. 문제가 생기면 “주님, 도와주세요”라고 기도하며 주님을 의지하는 삶을 살게 되었습니다.

역시 예수님이 하셨습니다.
오랫동안 교회 생활 나름대로 열심히 하셨던 권사님께서 고백하셨습니다.

예수님을 믿고서도 펄펄 살아 있는 성질 때문에 내가 정말 예수님을 믿는 사람인지, 구원은 받았는지 알지 못했었습니다. 그러나 이제는 내가 예수님 안에서 죽었다는 것을 깨닫게 되었습니다. 그 이후 제 삶의 변화를 사람들이 알기 시작했습니다. 나의 변화된 모습을 보고 주위의 믿지 않는 친구들이 "그렇게 예수님이 좋으냐"라고 말합니다.

역시 예수님께서 하셨습니다.

교회를 다니고 예수님을 믿는다고 해서 모두 다 제자의 삶을 사는 것은 아닙니다. 예수님의 제자들처럼 예수님을 인격적으로 알고 예수님과 동행하는 훈련을 받지 못하면 결코 제자다운 삶을 살 수 없습니다. 그래서 교인들에게 예수님과 동행하는 삶을 훈련하는 것을 목회의 핵심가치로 삼고 지금까지 사역했습니다. 그러면서《예수님의 사람》제자훈련을 통하여 많은 교우의 삶이 놀랍게 변화되는 것을 보았습니다. 예수님을 인격적으로 알고서도 사람이 변화되지 않는다는 것을 불가능한 일이었습니다. 저는 이러한 은혜와 축복을 좀 더 많은 분과 함께 해야 한다는 생각이 들었습니다.

이 책은《예수님의 사람》의 핵심 내용을 발췌하여 소그룹이 십자가의 복음을 함께 나누는 형태로 구성했습니다. 물론 개인이 혼자 할 수도 있고, 교회 기도회에서 활용할 수도 있을 것입니다.

《예수님의 사람》 제자훈련을 받는 교인들은 미리 읽으면 교재 내용을 더 깊이 이해하는 데 도움이 될 것입니다. 제자훈련을 마친 교우들에게도 제자훈련의 핵심 내용을 다시금 상기시키시는 데 도움이 될 것입니다. 또한 여러 가지 사정으로《예수님의 사람》제자훈련을 할 수 없는 분들에게는 이 책이 예수님과 동행하는 눈을 뜨는 데 큰 도움이 될 것입니다.

예수님과 동행하는 삶의 놀라운 은혜가 주 안에 있는 많은 그리스도인과 교회 위에 함께 하시기를 간절히 기도합니다.

오정현 목사

이 책에 대해

왜 "예수님의 사람" 소그룹 교재인가?

이 책은《예수님의 사람》제자훈련과 연결되어 있습니다. 제자훈련을 마친 이후 또는 제자훈련과 함께 소그룹에서 쓸 수 있도록 만들어졌습니다. 제자훈련과 병행해서 사용할 때, 교회 전체의 영적 분위기를 하나로 세워갈 수 있습니다. 혹 제자훈련의 토양이 준비되지 못한 교회일 경우라도 제자훈련에 대한 기초를 쌓는 데 사용할 수 있습니다. 이 책은 인도자 혼자 이끌고 가는 형식이 아니라 모든 구성원이 적극적으로 참여하여 자신의 이야기를 나누면서 훈련하도록 구성되어 있습니다.

이 책은 아래와 같은 교회에서 사용할 수 있습니다.

1) 제자훈련을 마친 교회

제자훈련을 마치고 시간이 지나면 받은 은혜를 잊게 됩니다.《예수님의 사람》제자훈련에서 받은 은혜를 소그룹 모임을 통해 이어가면서 '나는 죽고 예수로 사는 삶'에 대한 자기 점검을 할 수 있습니다.

2) 소그룹 모임의 경험이 없는 교회

소그룹 모임을 해본 적이 없는 교회도 있습니다. 소그룹 모임의 경험이 없는 교회라면 자신의 이야기를 나누거나 다른 구성원들의 이야기를 듣는 훈련이 되어있지 않을 수 있습니다. 이러한 교회들은 이 교재를 나누는 동안 듣는 훈련과 나누는 훈련을 자연스럽게 할 수 있습니다.

3) 소그룹 모임을 가지는 데 실패했던 교회

소그룹 모임에는 실패와 성공의 여부는 없습니다. 하지만 이전에 소그룹 모임을 했을 때, 상처나 아픔으로 좋지 않은 기억을 가진 성도가 있을 수 있습니다. 그런 성도들에게 다시 소그룹 모임을 권면하는 것이 쉬운 일은 아닙니다. 자신의 이야기를 말씀에 비추어 나눌 수 있는 이 책의 구성을 통해 점차 공동체에 자신을 열고 말씀의 진리 안에서 하나됨을 경험하도록 도와줍니다.

이렇게 진행됩니다

1. 무엇을 하는가? (What?)

지속적 소그룹 나눔을 통해 믿음의 공동체로 성장

2. 어떻게 사용하는가? (How?)

구성원 모두가 나눌 수 있도록(10명 이내로, 1시간 ~ 1시간 30분이 적당)

3. 언제 진행하는가? (When?)

모두가 참석할 수 있는 날

4. 어디서 모이는가? (Where?)

위치, 분위기 등을 고려해 모두가 편한 곳(온라인도 가능)

5. 누가 인도하는가? (Who?)

자신의 이야기보다 구성원들이 활발하게 이야기할 수 있도록 돕는 인도자

6. 왜 1년에 40주인가? (Why?)

40주로 구성된 1년 과정(영적 재충전을 위해 여름 1개월, 겨울 2개월 방학)

* 인도자를 위한 가이드 p.100을 참고하시면 됩니다.

목차

1부

나를 버리고 예수님을 만나는 삶

※

여러분 안에 예수 그리스도께서 계십니까?

정말 예수님을 믿는 사람이 누구인지에 대해 여러 가지 대답이 있겠지만,

분명한 것은 예수님을 진정 구주로 영접하고

그분과 인격적인 교제를 나누는 사람이냐는 것입니다.

여러분은 "예수님이 내 안에 계십니다."라고 고백할 수 있습니까?

Week 1

십자가의 능력을 믿는가

찬양

찬송가 : [250장] 구주의 십자가 보혈로

복음성가 : 많은 사람들 참된 진리를 모른 채(예수가 좋다오)

기도

마음열기

그리스도인인 나의 삶과 세상 사람들의 삶을 비교했을 때, 공통점과 차이점은 무엇입니까?

말씀

십자가의 도가 멸망하는 자들에게는 미련한 것이요 구원을 받는 우리에게는 하나님의 능력이라 고린도전서 1장 18절

하나님은 그리스도인에게 복된 삶을 약속하셨다

성경은 예수님을 구주로 영접한 그리스도인에게 놀랍도록 복된 삶을 약속하십니다. 그런데 안타깝게도 많은 그리스도인이 약속된 말씀과는 다른 삶을 살아갑니다. 예수님이 약속하신 복된 그리스도인의 삶은 어떤 모습일까요?

첫째, 부족함이 없는 삶입니다.

> 내가 주는 물을 마시는 자는 영원히 목마르지 아니하리니 내가 주는 물은 그 속에서 영생하도록 솟아나는 샘물이 되리라 요한복음 4장 14절

남몰래 물을 길으러 나온 사마리아 여인에게 예수님이 하신 말씀이 있습니다. 이 말씀은 곧 예수님을 그리스도로, 메시아로, 구원자로 영접한 그리스도인들에게 하신 약속입니다. 예수님은 사마리아 여인에게 "영원히 목마르지 아니하리니."라고 말씀하셨습니다. '영원히 목마르지 않는다.'라는 말씀은 예수 그리스도 안에서는 부족함이 전혀 없다는 뜻입니다. 우리에게 예수님의 약속이 이루어졌다면 우리는 말씀대로 어떠한 부족함도 느끼지 못할 정도로 만족하는 삶을 살 것입니다. 예수님을 믿는다고 하면서 여전히 부족함을 느끼고 불평불만이 많다면 그저 교회만 다니는 사람입니다. 여러분은 예수 그리스도 안에서 만족하며 살고 있습니까?

둘째, 선한 영향력을 끼치는 삶입니다.

37 명절 끝날 곧 큰 날에 예수께서 서서 외쳐 이르시되 누구든지 목마르거든 내게로 와서 마시라 38 나를 믿는 자는 성경에 이름과 같이 그 배에서 생수의 강이 흘러나오리라 하시니 요한복음 7장 37-38절

'생수의 강이 흘러나온다.'라는 말은 주위에 엄청난 영향력을 끼친다는 뜻입니다. 말씀대로 우리의 삶에서 이 약속이 이루어졌다면 우리는 가정, 직장, 학교에서 놀라운 영향력을 끼치는 삶을 살아야 합니다. 그러나 예수님을 믿는다고 하면서도 가까운 사람들에게 아무 영향을 끼치지 못하거나 상처만 주고 산다면, 역시 교회만 다니는 사람입니다. 여러분은 예수 그리스도를 전하며 선한 영향력을 끼치며 살고 있습니까?

셋째, 승리하는 삶입니다.

35 누가 우리를 그리스도의 사랑에서 끊으리요 환난이나 곤고나 박해나 기근이나 적신이나 위험이나 칼이랴 36 기록된 바 우리가 종일 주를 위하여 죽임을 당하게 되며 도살 당할 양 같이 여김을 받았나이다 함과 같으니라 37 그러나 이 모든 일에 우리를 사랑하시는 이로 말미암아 우리가 넉넉히 이기느니라 로마서 8장 35-37절

그리스도인들은 큰 시험을 당해도, 위협과 고통 가운데 있을지라도 넉넉히 이길 수 있습니다. 예수님의 사랑 안에 있는 그리스도인은 어려

움을 이길 넉넉한 힘이 있기 때문입니다. 예수님의 사랑 안에서 그리스도인을 끊어놓을 것은 아무것도 없습니다. 시험을 만날 때 넉넉히 이기는 사람이 있다면 그 사람은 진정으로 예수님을 믿는 사람입니다. 그러나 작은 시험도 겨우 이겨내고, 혹은 매번 지기만 한다면 그저 교회만 다니는 사람입니다. 여러분은 마주하는 시험에 지기만 합니까? 아니면 넉넉히 이깁니까?

20세기 초, 필리핀 선교사였던 프랭크 루박Frank Laubach은 인류 역사상 가장 많은 사람에게 읽고 쓰는 법을 가르친 사람입니다. 세계문맹퇴치선교회(World Literacy Crusade)를 설립하였으며, 미국 우표에 등재된 유일한 선교사입니다. 그는 십자가의 능력으로 살았던 사람입니다. 그는 '과연 하나님과 함께하고 있다는 친밀함을 24시간 느낄 수 있을까?'를 고민했습니다. 그는 매분(every minute) 하나님을 바라보며 인도해주시기를 기다렸습니다. 처음에는 쉽지 않았지만, 그 간격이 점점 줄어들었습니다. 나중에는 일 분에 한 번씩 마음에 하나님을 떠올리는 데 성공했습니다. 그는 일기에 이렇게 적었습니다.

1930년 1월 26일
"… 나는 매 순간 하나님을 느끼고 있습니다. 그것은 의지의 행동입니다. 지금 이 타자기 자판을 두드리는 손가락을 하나님이 붙드시기를 원하고 내가 걷는 발걸음을 축복하시기를 원하며 말하는 내 입과 음식을 먹는 내 턱을 지도하시기를 의지적으로 원합니다!"

1930년 5월 14일

"하나님과 끊임없이 교제하려고 하는 이 생각, 하나님을 내 생각의 대상으로 삼고 내 대화의 동무로 삼으려고 하는 이 생각은 지금까지 나에게 떠올랐던 생각들 가운데 가장 놀라운 것입니다. 이 생각은 정말 효력이 있습니다. 아직까지는 반나절도 그렇게 하지 못합니다. 하지만 언젠가는 온종일 하나님과 끊임없이 교제하리라 생각합니다."

1930년 6월 1일

"나는 하나님에 대해 말해야 한다. 그렇지 않으면 그분을 내 마음속에 계속 둘 수 없다. 나는 하나님을 소유하기 위해 그분을 전해야 한다."

프랭크 루박은 바쁜 삶을 살면서도 주님과 신비로운 만남으로 동행할 수 있음을 증명했습니다. 결국 그는 하나님께 온전히 자신을 의지할 수 있게 되었습니다.

하나님은 십자가의 능력을 믿는 사람을 주목하신다

실제로 많은 성도가 교회는 다니지만, 예수님과 인격적 만남이 없고 간증할 것도 없는 '종교 생활'을 하고 있습니다. 그들에게 하나님은 단지 복을 비는 대상이며, 십자가는 능력이 아니라 종교적인 상징일 뿐입니다. 우리가 그런 경우는 아닙니까?

고린도전서 1장 18절은 예수님의 십자가를 바라보는 사람들을 두 부류로 나뉜다고 했습니다. 한 부류의 사람은 십자가를 '미련한 것'으로 보고 또 한 부류의 사람은 '하나님의 능력'으로 본다는 것입니다. 예수님을 제대로 믿지 않는 사람은 십자가의 도가 왜 하나님의 능력인지 모릅니다. 그저 십자가를 볼 뿐입니다. 십자가를 바라보면 왠지 마음이 편안해지고 '여기가 예배당인 모양이구나!'하고 느낄 뿐, 그것이 하나님의 능력인 것은 알지 못합니다.

하나님은 단순히 교회만 다니는 사람을 사용하시지 않습니다. 하나님이 주목하시고 쓰시는 사람은 정말 예수님을 믿는 사람, 곧 십자가의 도가 하나님의 능력임을 알고 믿는 사람입니다.

기억하기

1. 하나님은 그리스도인에게 복된 삶을 약속하셨다.

   첫째, 복된 삶은 부족함이 없다.

   둘째, 복된 삶은 선한 영향력을 끼치는 삶이다.

   셋째, 복된 삶은 승리하는 삶이다.

2. 하나님은 십자가의 능력을 믿는 사람을 주목하신다.

   하나님은 십자가를 붙잡고 진정으로 예수님을 믿는 자들을 사용하신다.

나눔

1. 나에게 '십자가'는 어떤 의미입니까?

2. 예수 그리스도를 믿고 난 후에 나의 삶은 어떻게 변했습니까?

공동체기도

1. "예수님으로 충분합니다."라고 고백할 수 있는 그리스도인이 되게 하소서.
2. 세상과 구별된 삶을 사는 그리스도인들이 곳곳에서 일어나게 하소서.

Week 2

죄를 깨닫게 하는 은혜

찬양

찬송가 : [295장] 큰 죄에 빠진 나를

복음성가 : 난 지극히 작은 자(십자가의 전달자)

기도

마음열기

이전에는 죄라고 생각하지 않았는데 예수님을 만난 후 죄라고 깨닫게 된 것이 있습니까?

말씀

… 주여 나를 떠나소서 나는 죄인이로소이다 하니 누가복음 5장 8절

십자가는 우리가 죄인임을 깨닫게 한다

예수님이 왜 십자가에서 죽으셨습니까? 바로 우리 죄 때문입니다. 그래서 거듭난 그리스도인은 십자가를 통해 내가 얼마나 악한 죄인인지를 깨닫게 됩니다. 죄인임을 깨닫는 것이 얼마나 큰 능력인지 모릅니다. 실제로 십자가를 통하여 예수님을 만나지 못한 사람은 자기 죄를 보지 못합니다. 많은 그리스도인이 "나는 죄인입니다."라고 고백하지만, 정말 자기가 얼마나 큰 죄인인지 제대로 깨닫지 못합니다. 만약 삶에서 죄를 짓고도 자신의 죄를 깨닫지 못하는 사람을 만난다면 우리는 분노하고 경멸할 것입니다. 그렇다면 우리는 자신의 죄를 알고 있습니까? 다윗은 밧세바를 간음하고 그 죄를 숨기려고 밧세바의 남편인 충신 우리아를 죽였습니다. 그는 자신이 저지른 일이 하나님 앞에서 얼마나 큰 죄인지 자각하지 못했습니다. 양을 많이 가진 한 부자가 어린 양이 전 재산인 가난한 자의 양을 빼앗아 손님을 대접했습니다. 나단 선지자가 다윗에게 이 이야기를 했을 때 다윗은 크게 진노했습니다. 실상 그것은 다윗 자신의 죄를 지적하기 위한 이야기였는데 말입니다. 남의 죄는 너무 잘 보는데, 자기 죄는 전혀 보지 못하는 것이 바로 다윗의 모습이고 우리의 모습입니다.

베드로는 수많은 물고기를 잡은 후, 기뻐하고 즐거워하기는커녕 오히려 자신은 죄인이라고 고백했습니다(눅 5:8). 베드로는 왜 죄인임을 고백했을까요? 그것은 그가 갑자기 죄를 더 지었기 때문이 아닙니다. 예수님의 말씀을 통해 기적이 일어나는 것을 보는 순간, 영적인 눈이 뜨여 예수님이 누구신지 그리고 자신은 누구인지 깨달았기 때문입니다.

결혼 30주년을 맞이한 한 남자가 아내에게 어떤 생일 선물을 받고 싶은지 물었습니다. 남편은 아내에게 예상하지 못한 대답을 들었습니다. 아내는 남편에게 생일날 두 시간만 시간을 내어달라고 했습니다. 남편은 의아했지만 아내의 강력한 요청에 시간을 내주기로 했습니다.

아내의 생일이 되었습니다. 아내는 남편을 거실에 앉히고 "여보, 내가 이제 두 시간 동안 말을 할 텐데, 무슨 이야기를 하든지 당신은 '맞아! 옳아! 그렇지!'라는 말만 해주세요."라고 했습니다. 그러고 나서 아내는 두 사람이 처음 만났을 때부터 지금까지 살아온 이야기를 시작했습니다. 남편이 아내의 이야기를 듣다 보니 사실이 아닌 부분도 많았습니다. 그래서 남편은 아내의 말을 끊으며 "아니, 여보 그건"이라고 하니까 아내가 "여보, 두 시간만, 두 시간만" 하며 듣기만 해달라고 했습니다. 남편은 하는 수 없이 아내의 이야기를 들었습니다. 남편은 10분이 지나자 속이 뒤틀리고, 20분이 지나자, 화가 치밀어 오르고, 30분이 지나자 조금만 더 들으면 억울하고 답답해서 죽을 것 같았습니다.

그런데 시간이 더 지나면서 남편은 충격을 받았습니다. '부부로 30년을 살아왔는데 어떻게 아내의 생각과 감정을 이렇게 모르고 살았단 말인가!'라는 생각이 들기 시작했습니다. 그리고 계속 말하는 아내를 보면서, 남편의 눈에는 눈물이 맺히기 시작했습니다. 결혼 후 지금까지 아내의 아픔과 상처를 너무나 몰랐던 것입니다. 약속된 두 시간이 지난 후, 남편은 아내를 붙잡고 한참을 울었습니다.

죄를 깨달으면 거듭남의 새 생명을 얻는다

예수님을 십자가에 못 박았던 사람들은 자기들이 얼마나 큰 죄를 짓는지 알지 못했습니다. 예수님은 이렇게 기도하셨습니다.

… 아버지 저들을 사하여 주옵소서 자기들이 하는 것을 알지 못함이니이다 … 누가복음 23장 34절

예수님이 부활하셔서 승천하신 후, 제자들은 오순절에 주님이 약속하신 성령을 받았습니다. 성령의 충만함을 받은 베드로는 예수님을 십자가에 못 박은 사람들을 향해 이렇게 외쳤습니다.

그런즉 이스라엘 온 집은 확실히 알지니 너희가 십자가에 못 박은 이 예수를 하나님이 주와 그리스도가 되게 하셨느니라 하니라 사도행전 2장 36절

그 설교를 듣던 유대인들은 마음에 갑자기 통렬한 죄책감이 일어났습니다. "우리가 어찌할꼬?(행 2:37)"라고 울부짖으며 베드로 앞에 나와 예수님을 영접했습니다. 바로 이 순간이 그들에게는 십자가의 예수님을 만나는 은혜의 시간이었습니다. 죄를 깨닫는 것이 영적인 생명이 살아나는 시작입니다. 이것이 십자가의 능력입니다. 자기가 얼마나 큰 죄인인지를 깨닫는 것이 거듭남의 시작입니다.

십자가의 은혜를 체험한 사람은 남을 정죄하지 않는다

진짜로 예수님을 만나고 십자가의 사랑을 경험한 사람이라면 자신을 의롭다고 생각하지 않습니다. 남을 정죄하지도 않습니다. 자신의 죄를 알기 때문입니다. 이것이 십자가의 능력을 깨닫고 체험한 사람의 모습입니다. 이런 사람들은 만날수록 은혜롭고, 천국 같은 교회를 이룹니다.

우리는 욕심을 마음에 담은 채 다른 사람의 욕심을 비난합니다. 스스로는 거짓을 품고 있으면서 남의 거짓을 참지 못합니다. 자신도 이기적이면서 이기적인 사람을 정죄합니다. 우리가 십자가의 능력으로 거듭나게 되면 가장 먼저 깨닫게 되는 것이 있습니다. 다른 사람에 대하여 할 말이 없어지는 것입니다. 경건한 그리스도인이 더 애통하게 회개합니다. 죄를 많이 짓고 방탕하게 사는 사람은 오히려 회개하지 않습니다. 눈물의 양으로 본다면 경건한 자가 더 많은 죄를 지은 것 같습니다. 그러나 경건한 그리스도인이 더 애통하는 이유는 영적인 눈이 뜨여 자기 죄가 더 많이 보이기 때문입니다. 반면 방탕한 자가 애통하지 못하는 것은 자기 죄를 보지 못하기 때문입니다.

기억하기

1. 십자가는 우리가 죄인임을 깨닫게 한다.

   예수님이 우리 죄를 위해 십자가에서 죽으셨다는 사실을 믿으면 우리가 얼마나 큰 죄인인지 깨닫게 된다.

2. 죄를 깨달으면 거듭남의 새 생명을 얻는다.

   자신이 죄인임을 깨달을 때 하나님의 사랑과 은혜를 누리는 영적 생명을 얻게 된다.

3. 십자가의 은혜를 체험한 사람은 남을 정죄하지 않는다.

   십자가를 통해 예수님을 만난 사람은 자신을 의롭다고 생각하지 않으므로 다른 사람을 정죄하지 않는다.

나눔

1. 오늘 새롭게 깨달은 죄가 있다면 무엇입니까?

2. 다른 사람이 잘못을 저질렀을 때 나는 어떻게 반응합니까?

공동체기도

1. 잊히고 숨겨진 죄들이 생각나고 깨달아지는 은혜를 주소서.
2. 다른 사람을 비판하거나 정죄하지 않는 사람이 되게 하소서.

Week 3

하나님의 사랑에 대한 확신

찬양

찬송가 : [93장] 예수는 나의 힘이요

복음성가 : 나의 은총을 입은 이여(축복하노라)

기도

마음열기

오랫동안 해결되지 못했던 죄책감이 예수님 안에서 자유롭게 되었습니까?

말씀

허물의 사함을 받고 자신의 죄가 가려진 자는 복이 있도다 시편 32편 1절

십자가는 우리를 향한 하나님의 사랑을 보여준다

교회에서 우리는 "은혜받았다."라는 말을 자주 사용합니다. 이 말에는 두 가지 뜻이 있습니다. 하나는 '받을 자격이 전혀 없다.'이며 또 다른 하나는 '넘치는 사랑을 받았다.'입니다. 은혜란 곧 '받을 자격이 전혀 없는 자에게 부어지는 넘치는 사랑'입니다. 우리가 이 용서의 은혜를 받았음을 보여주는 것이 십자가입니다.

어떤 성도가 "예수님을 믿어도 받은 복이 없다."라고 말하는 것을 들은 적이 있습니다. 이 사람은 예수님을 믿는다고 하지만 아직 십자가의 능력으로 예수님을 알지 못하는 사람입니다. 정말 십자가의 능력을 안다면 예수님을 믿고 얼마나 큰 복을 받았는지, 하나님이 자신을 얼마나 사랑하시는지 모를 수가 없습니다.

우리는 삶에서 벌어지는 일의 상황에 따라 하나님의 사랑과 은혜를 판단합니다. 일이 잘되면 '하나님이 나를 사랑하시나 보다.' 하고, 일이 어려우면 '하나님은 왜 나를 이렇게 힘들게 하실까?' 하며 하나님의 사랑을 의심합니다. 이런 사람은 십자가의 능력으로 예수님을 믿는 사람이 아닙니다. 하나님의 사랑은 매 순간 확인할 것이 아니라, 이미 확증된 사실입니다(롬 5:8). 하나님이 여러분을 사랑하시기로 이미 결심하셨다는 말입니다.

십자가는 죄 사함의 은혜를 깨닫게 한다

한 목사가 부활절에 이렇게 설교한 적이 있습니다.

"제게는 생명과 같이 소중한 것들이 있습니다. 아이들은 저를 아버지로 인정하고 존경합니다. 아내도 남편인 저를 극진히 사랑해주며, 성도들도 저를 제법 좋은 목사로 인정해줍니다. 이것이 무너진다면 제 생명과 인생은 아무것도 아닙니다. 그러나 저에게는 이 축복의 관계를 단번에 깨버릴 수 있는 죄와 허물이 있습니다. 그동안 지은 죄가 10분의 1, 아니 100분의 1이라도 공개된다면 그들은 제가 자신들의 아버지, 남편 그리고 목사라는 사실을 인정하기 어려울지도 모릅니다. 이것처럼 절망스러운 일이 어디 있겠습니까? 저는 죄의 삯이 사망이라는 말씀에 천 번, 만 번 동의합니다. 죄의 삯은 사망이 맞습니다. 자식에게 아버지로 존경받지 못하고, 아내에게 남편으로 사랑받지 못하며, 성도들에게 목사로서 인정받지 못하는 삶이라면 어떻게 살아있는 것이라고 할 수 있겠습니까? 그래서 저는 속죄의 은혜가 가장 큰 복임을 믿습니다. 또 오직 의인은 믿음으로 산다는 말씀도 확실히 믿습니다. 제가 지금 바로 그 믿음으로 살기 때문입니다.

이사야 1장 18절에서 "오라 우리가 서로 변론하자 너희의 죄가 주홍 같을지라도 눈과 같이 희어질 것이요 진홍 같이 붉을지라도 양털 같이 희게 되리라"라고 하신 말씀이 맞습니다. 주홍같이 붉었던 제 죄가 정말 흰 눈같이 되었습니다. 양털같이 되었습니다. 그리하여 자녀들에게 존경받는 아버지, 아내에게 사랑받는 남편 그리고 성도들에게 인정받는 목사가 될 수 있는 자격을 얻었습니다.

만약 과거에 지은 우리의 죄가 다 드러난다면 얼마나 두렵겠습니까? 지금까지 우리를 사랑하고 존경하던 사람들이 우리를 어떻게 생각하겠습니까? 또 그들을 어떻게 쳐다볼 수 있습니까? 하나님 앞에서는 어떨까요? 과거 우리의 모든 기록이 천국에 그대로 있다면 우리의 마음은 얼마나 괴롭겠습니까? 그러나 걱정할 필요가 없습니다. 그 죄는 이미 십자가의 보혈로 다 지워졌기 때문입니다. 우리는 위선자가 아니며 완전히 용서받은 자입니다.

허물의 사함을 받고 자신의 죄가 가려진 자는 복이 있도다 시편 32편 1절

천국에 가면 죄가 가려지고 깨끗해지는 것이 가장 큰 복임을 알게 될 것입니다. 그곳에서는 다른 어떤 복도 의미가 없습니다. 물질, 건강, 성공의 복도 다 귀하지만, 죄 사함의 복보다 더 귀한 복은 없습니다. 속죄함의 은혜가 가장 큰 복입니다.

십자가의 능력은 하나님의 사랑에 대한 확신을 준다

십자가는 우리를 향한 하나님의 위대한 사랑을 깨닫게 합니다. 죄는 우리가 지었는데 죗값은 예수님이 지신 것입니다. 이보다 더 큰 사랑은 없습니다. 우리가 십자가에 담긴 하나님의 사랑을 알게 되면 진정한 회개가 일어납니다. 불평도, 원망도, 낙심도 죄였음을 깨닫게 됩니다. 열심과 헌신 없이 신앙생활 했던 것도 죄였음을 깨닫고 회개하게 됩니다. 그러나 회개뿐만 아니라 받은 은혜와 사랑과 복에 대한 확신 또한 생깁니다.

문제는 십자가 구원의 복음을 알면서도 열등감, 좌절감, 낙심에 사로잡혀 사는 성도가 많다는 것입니다. 죄 용서와 구원의 믿음은 있지만,

받은 사랑과 복이 무엇인지 깨닫지 못하기 때문입니다. 우리가 십자가의 은혜로 받은 복을 깨달아야만 십자가 복음이 삶을 변화시키는 능력이 됩니다. 두려움과 염려가 사라지고 진정한 감사가 나옵니다.

그리스도인이 열등감, 좌절감에 빠져 낙심하는 것은 여건과 형편이 어려워서가 아닙니다. 십자가를 보고도 하나님이 자신을 얼마나 사랑하시는지를 진정으로 믿지 못하기 때문입니다. 속죄의 은혜가 얼마나 놀라운 복인지를 깨달을 때, 하나님의 사랑을 확신하게 되고 십자가의 도는 하나님의 능력이 됩니다.

기억하기

1. 십자가는 우리를 향한 하나님의 사랑을 보여준다.

   십자가는 우리의 죄를 모두 사하시고 구원하신 하나님의 놀라운 사랑과 은혜를 믿게 한다.

2. 십자가는 죄 사함의 은혜를 깨닫게 한다.

   십자가의 보혈로 우리의 죄를 모두 용서하시고 죄에서 자유하게 하신 은혜가 가장 큰 복이다.

3. 십자가의 능력은 하나님의 사랑에 대한 확신을 준다.

   속죄의 은혜가 얼마나 놀라운 복인지 깨달을 때, 하나님의 사랑에 대하여 확신하게 되고 십자가의 도는 하나님의 능력이 된다.

나눔

1. 지금까지 복(福)이라고 생각했던 것은 무엇입니까?

2. 하나님의 사랑과 주신 복을 의심한 적이 있습니까? 그 이유는 무엇 때문입니까?

공동체기도

1. 예수 그리스도로 말미암아 나의 모든 죄가 사해졌음을 확신하게 하소서.
2. 십자가의 사랑을 믿음으로 열등감과 좌절, 낙심을 이기게 하소서.

Week 4

정죄와 징계

찬양

찬송가 : [254장] 내 주의 보혈은

복음성가 : 주를 향한 나의 사랑을

기도

마음열기

하나님 앞에서 억울하다고 호소하거나 원망한 적이 있습니까?

말씀

… 이미 목욕한 자는 발밖에 씻을 필요가 없느니라 온 몸이 깨끗하니라 …

요한복음 13장 10절

구원받은 그리스도인에게도 죄의 문제는 존재한다

우리는 예수님을 믿지만 여전히 죄의 문제를 갖고 있습니다. 주께서 재림하여 오실 때야, 우리의 몸은 온전히 죄에서 구원받습니다.

> 그뿐 아니라 또한 우리 곧 성령의 처음 익은 열매를 받은 우리까지도 속으로 탄식하여 양자 될 것 곧 우리 몸의 속량을 기다리느니라 로마서 8장 23절

이 말씀은 곧, 주님이 오시기 전까지는 우리 안에 여전히 죄가 역사한다는 것입니다. 어떤 이단 종파에서는 예수님이 이미 십자가에서 다 해결해주셨으니 우리는 죄에 대해 더 이상 고민하고 괴로워할 필요가 없다고 주장합니다. 하지만 그것은 성경적인 가르침이 아닙니다. 예수님을 믿고 하나님의 자녀가 되었다고 해서 이제부터 죄를 지어도 된다는 말이 아닙니다. 하나님은 어떤 죄라도 다 용서하십니다. 그 어떤 죄도 하나님 아버지와 우리를 갈라놓지 못합니다. 그러나 하나님이 죄를 용납하시는 것은 아님을 명심해야 합니다.

그리스도인은 정죄를 받지 않고 징계를 받는다

'죄'는 불신자에게만 문제 되는 것이 아닙니다. 예수님을 영접하고 구원받은 그리스도인에게도 죄의 문제는 매우 심각합니다. 그러나 불신자의 죄와 그리스도인의 죄는 차원이 다릅니다. 하나님의 자녀들이 짓는 죄와 불신자들이 짓는 죄는 어떤 차이가 있을까요?

그리스도인도 죄를 지을 수 있습니다. 하지만 그 죄로 지옥에 가지는

않습니다. 그리스도인은 사탄에게 속한 사람이 아니라 하나님께 속한 사람이기 때문입니다. 예수님은 십자가를 목전에 두고 제자들을 다락방에 불러 모으셨습니다. 그리고 수건을 허리에 두르고 직접 제자들의 발을 씻기셨습니다. 베드로의 차례가 되었을 때, 베드로는 절대로 예수님이 자기 발을 씻기실 수 없다며 거절했습니다. 베드로의 거절에 예수님은 발을 씻지 않으면 자신과 아무런 상관이 없다고 말씀하셨습니다. 그 말씀을 들은 베드로는 발뿐만 아니라 손과 머리도 씻겨 달라고 요청합니다. 그때 예수님은 "이미 목욕한 자는 발밖에 씻을 필요가 없느니라 온 몸이 깨끗하니라(요 13:10)"라고 말씀하십니다. 그리스도인은 불신자와는 달리 이미 죄 사함의 은혜를 받은 자입니다. 그러나 회개는 계속 필요하다는 것입니다.

그리스도인이 죄를 지음에도 불신자들과 다른 것은 정죄와 징계의 차이에 있습니다. 불신자들은 지은 죄로 인하여 정죄를 받지만, 그리스도인들은 지은 죄에 대하여 징계를 받습니다. 정죄는 심판을 말하는 것이고 징계는 돌이켜 바로 살게 하는 것입니다. 정죄와 징계는 전혀 다릅니다. 성경에서 아버지는 물려받은 재산을 모두 탕진하고 돌아온 아들에게 입 맞추며 반지를 끼워주고 아들로 받아들였습니다. 정죄하지 않으시는 것입니다. 그러나 우리의 죄와 허물에 대하여 징계하여 회개하게 하십니다. 마치 부모가 자녀를 대하는 것과 같습니다.

유명한 부흥사 디엘 무디*Dwight Lyman Moody*에게 한 성도가 찾아와서 이렇게 말했습니다.

"제가 죄를 지어도 하나님은 저를 그대로 놔두세요. 하나님은 계시지 않는

게 분명해요."

이야기를 듣고 있던 무디는 성도를 지그시 바라보면서 이렇게 말했습니다.

"부인! 부인은 지금 스스로 그리스도인이 아니라는 사실을 증명하고 있습니다."

"왜요? 제가 교회를 얼마나 오래 다녔는데요."

부인이 이렇게 반문하자 무디는 다시 말했습니다.

"부인이 그리스도인이라면 하나님은 당신을 그대로 놔두지 않으셨을 것이기 때문입니다."

그렇습니다. 징계는 하나님의 자녀들을 향한 하나님의 사랑입니다.

그리스도인은 회개를 통해 죄와 싸워 이겨야 한다

하나님은 우리에게 은혜와 부흥을 부어주시는 분입니다. 하지만 하나님은 죄 위에 은혜와 부흥을 부어주시지 않습니다. 죄와 허물이 있으면 하나님의 은혜와 복을 누리지 못합니다. 우리의 삶에 하나님의 은혜가 없다면 기쁨도, 기도도, 마음의 평화도 사라집니다. 힘을 다 빼앗긴 무능한 그리스도인으로 살아가게 됩니다. 회개는 구원받지 못한 자에게만 필요한 것이 아닙니다. 구원받은 그리스도인에게 더욱 필요한 것이 회개입니다. 회개 없이 살아도 잘되는 삶은 결코 복 받은 삶이 아닙니다. 바로 버림받은 삶이라는 증거입니다. 오히려 '징계받는 것'이 하나님의 자녀라는 증거입니다.

또한 그들이 마음에 하나님 두기를 싫어하매 하나님께서 그들을 그 상실한 마음대로 내버려 두사 합당하지 못한 일을 하게 하셨으니 로마서 1장 28절

명심하십시오. 죄는 잊어버린다고 해결되는 것이 아닙니다. 우리는 죄와 싸워야 합니다. 죄와 싸우고 결코 죄의 종노릇 하지 않을 것이라는 자세로 기도해야 합니다. "하나님, 죄와 싸우겠습니다. 죄의 종이 되지 않겠습니다. 이기기를 원합니다!"라고 선포해야 합니다. 물론 우리 힘으로는 죄와 싸울 수 없습니다. 죄 뒤에는 마귀가 역사하고, 죄를 지은 자는 죄의 종이기 때문입니다. 그러나 우리는 예수님의 보혈로 구원받은 사람입니다. 죄와 저주에서 해방된 사람입니다. 그리고 성령이 오셨습니다. 그러므로 이제는 싸워 승리할 수 있는 것입니다

기억하기

1. 구원받은 그리스도인에게도 죄의 문제는 존재한다.

   구원받고 모든 죄에서 자유로운 그리스도인도 죄를 지으면 대가를 치르게 된다.

2. 그리스도인은 정죄를 받지 않고 징계를 받는다

   하나님은 그리스도인이 죄를 지으면 사랑으로 징계하시고 죄를 회개하도록 하신다.

3. 그리스도인은 회개를 통해 죄와 싸워 이겨야 한다.

   회개 없이 잘 사는 것은 복이 아니다. 하나님은 죄를 회개할 때 은혜를 부어 주신다.

나눔

1. 죄를 지었을 때 든 생각과 느낌은 무엇이었습니까?

2. 죄와 싸워본 적이 있습니까? 그 결과가 어땠습니까?

공동체기도

1. 회개가 삶의 기쁨이고 능력임을 알게 하소서.

2. 예수 그리스도의 보혈을 의지하여 죄와 싸워 이기는 삶을 살게 하소서.

Week 5

죄를 이기는 능력

찬양

찬송가 : [542장] 구주 예수 의지함이

복음성가 : 능력의 이름 예수 권능의 이름 예수

기도

마음열기

죄에 대해 마음이 풀어질 때는 언제입니까?

말씀

우리 주 예수 그리스도로 말미암아 우리에게 승리를 주시는 하나님께 감사하노니 고린도전서 15장 57절

죄 씻음의 은혜는 그리스도인만 누리는 복이다

예수님을 구세주로 영접하고 거듭났음에도 왜 또다시 원치 않는 죄를 짓게 될까요? 거듭난 성도일지라도 자꾸만 죄를 짓게 만드는 죄성(罪性)이 남아 있기 때문입니다. 그러나 하나님은 우리 안에 있는 내적인 죄성(罪性)을 온전히 없애주시려고 '성결의 은혜'라는 복된 은혜도 예비해 놓으셨습니다. 그것이 회개의 복음입니다.

요한일서 1장 9절에서 하나님은 우리가 죄를 고백하고 회개하면 우리의 죄를 사해주시고 모든 불의에서 깨끗하게 해주신다고 약속하셨습니다. 하나님의 자녀도 죄를 짓지만, 회개함으로 죄의 권세에서 벗어나 은혜와 능력을 회복할 수 있다는 것입니다. 그러나 죄를 회개한다고 누구나 죄 씻음을 받는 것은 아닙니다. 그리스도인의 회개와 불신자의 회개는 완전히 다릅니다. 그리스도인은 십자가의 보혈 안에 있기에 회개하면 죄 씻음을 받습니다. 그러나 불신자는 회개해도 '십자가 보혈'의 은혜가 없기에 죄 씻음을 받을 수 없습니다. 죄 씻음의 은혜는 십자가를 붙잡고 있는 사람만이 누릴 수 있습니다.

죄보다 무서운 것은 회개하지 않는 것이다

많은 그리스도인이 신앙생활을 오래 할수록 오히려 은혜와 감격을 잃어버리는 것을 볼 수 있습니다. 그리스도인이 십자가의 은혜와 감격을 잃어버리는 이유가 무엇일까요? 그것은 바로 회개하지 않고 살아가기 때문입니다. 안타깝게도 많은 그리스도인이 죄를 그냥 지나쳐버립니다. 죄는 가벼운 문제가 아닙니다. 그냥 지나치거나 넘겨버릴 만큼 간단한 문제가 아니라는 것입니다. "바늘 도둑이 소도둑 된다."라는 속담 처럼, 죄의 문제도 꼭 이와 같습니다. 한 번 죄를 지나치면 그다음에는 더 자주 죄를 짓게 됩니다. 작은 죄를 그냥 넘겨버리면 다음번에는 더 큰 죄를 짓게 됩니다. 이것이 죄의 속성입니다. 죄를 회개하지 않고 지나치는 상황이 반복되면 죄에 무뎌지게 됩니다. 죄에 무뎌지면 죄를 많이 짓고도 아무렇지 않게 되는 것입니다. 하나님의 마음을 아프게 하고도, 마음 편하게 사람들과 웃고 떠들며 지냅니다. 죄를 짓고도 아무 거리낌 없이 예배를 드립니다. 마음이 평안한 것이 아니라 심령이 완악해졌다는 증거입니다. 정말 두려운 일입니다. 죄보다 무서운 것이 회개하지 않는 것임을 알아야 합니다. 마귀는 결정적인 순간을 노립니다. 수많은 성도와 목회자, 교회가 지금도 이 함정에 빠져 무너지고 있습니다.

1999년 5월 어느 날, 13년간 하버드대학교 신학대학장을 맡았던 로널드 티먼 교수가 파면되었다는 기사가 실렸습니다. 티먼 교수의 컴퓨터에서 수백 장의 음란 사진을 발견됐다는 것이었습니다. 교내의 컴퓨터를 관리하던 담당 기사가 티먼 교수의 컴퓨터에서 발견한 것입니다. 음란 사진을 발견한 기사는 즉시 총장에게 보고했고, 결국 티먼 교수는 학장 자리에서 쫓겨났습니다. "어떻게 신학대학 교수라는 사람이 그럴 수 있냐."라고 반문하는 사람도 있을 수 있습니다. 그러나 죄의 유혹에서 자유한 사람은 아무도 없습니다. 목사도 똑같이 죄의 유혹을 받습니다. 목사라고 해서 육신의 정욕, 물질의 탐욕, 안목의 정욕에서 자유로운 것이 아닙니다. 죄의 유혹을 받은 것이 티먼 교수의 문제가 아닙니다. 그보다 심각한 문제는 죄를 짓고도 회개하지 않았던 것입니다.

일반적으로 사람들은 '어떻게 죄를 짓지 않을 수 있을까?'에는 관심이 없습니다. 죄를 먼저 짓고 '어떻게 하면 죄를 들키지 않을까?'에만 관심이 있습니다. 우리의 법과 문화도 죄를 짓지 않는 것에 주안점을 두는 게 아니라, 죄를 짓고 난 다음의 문제에만 초점을 두는 듯합니다. 사람들은 죄를 짓고도 들키지 않으면 괜찮다고 합리화합니다. 양심에 약간의 거리낌이 있지만 쉽게 무시합니다. 보이는 증거가 있는 것만 죄라고 여기기 때문에 죄를 지으면서도 뻔뻔할 수 있는 것입니다. 우리에게는 들킨 죄보다 들키지 않은 죄가 더 많습니다. 사람의 눈은 속일 수 있지만, 하나님의 눈은 속일 수 없습니다. 하나님은 우리의 마음속 깊은 곳까지 살펴보고 계시기 때문입니다.

회개는 십자가의 보혈로 마음을 온전히 씻어내는 것이다

회개는 죄로 더럽혀진 우리의 마음을 깨끗하게 하는 것입니다. 세제로 더러운 곳을 청소하듯, 마음 구석구석 자리 잡은 죄를 토설하고 자복해서 예수님의 보혈로 씻어내야 합니다. 죄는 세월이 지난다고 없어지지 않으며 봉사와 헌금을 한다고 해서 사해지지도 않습니다. 죄를 씻는 유일한 방법은 주님 앞에서 자신의 죄를 낱낱이 자복하는 것뿐입니다. 눈물로 통회하며 십자가의 보혈로 씻어주시기를 간구하십시오. 그리고 다른 사람에게 잘못한 것이 있다면 용서를 구하고, 피해를 줬다면 보상하십시오. 그럴 때 비로소 진정한 그리스도인이 되는 것입니다. 철저한 회개가 없는 믿음은 '거짓 믿음'입니다. 주님은 우리를 죄에서 해방하시기 위해 피 흘리셨습니다. 우리에게 주어진 그 어떤 것보다 더 소중하게 지켜야 하는 것이 우리의 마음입니다.

기억하기

1. 죄 씻음의 은혜는 그리스도인만 누리는 복이다.

   그리스도인이 누리는 십자가의 감격과 은혜의 삶은 죄 씻음을 통해 이루어진다.

2. 죄보다 무서운 것은 회개하지 않는 것이다.

   티끌 같은 죄라도 회개하지 않고 지나가면, 죄를 짓고도 아무렇지 않은 사람이 되어버린다. 하지만 하나님께서는 모든 것을 알고 계신다.

3. 회개는 십자가의 보혈로 마음을 온전히 씻어내는 것이다

   주님 앞에서 마음을 온전히 비우고 철저히 회개할 때, 십자가의 보혈로 우리의 마음을 정결하게 지킬 수 있다.

나눔

1. 아직 회개하지 않은 죄가 있습니까?

2. 회개를 통해 하나님이 주신 놀라운 은혜를 체험한 적이 있습니까?

공동체기도

1. 작은 죄라도 그냥 지나치지 않는 영적 민감함을 주소서.

2. 통회하는 심령으로 회개하게 하시고 구원의 능력과 감격을 회복하게 하소서.

Week 6

하나님의 완전한 용서

찬양

찬송가 : [311장] 내 너를 위하여

복음성가 : 나의 모든 행실을 주여 기억하시고

기도

마음열기

지은 죄가 너무 커서 완전한 용서를 받기 어렵다고 생각되는 사람이 있습니까?

말씀

서로 친절하게 하며 불쌍히 여기며 서로 용서하기를 하나님이 그리스도 안에서 너희를 용서하심과 같이 하라 에베소서 4장 32절

회개할 때, 용서의 확신을 가지고 기도해야 한다

회개하지 않으며 사는 것도 문제이지만, 용서받았다는 확신 없이 사는 것 또한 큰 문제입니다. 요한일서 3장 21절은 "사랑하는 자들아 만일 우리 마음이 우리를 책망할 것이 없으면 하나님 앞에서 담대함을 얻고"라고 말씀합니다. 이것이 진정으로 회개한 사람이 가져야 할 마음입니다. 마음이 청결하면 아무 두려움 없이 하나님 앞에 담대히 나아갈 수 있습니다. 그러나 이 마음은 회개할 때도 필요합니다. 조용히 눈을 감고 십자가에 달리신 예수 그리스도를 바라보십시오. 예수님의 피로 속죄받지 못할 죄가 어디 있겠습니까? 회개할 때 담대히 하나님 앞에 나아가 기도해야 합니다. 회개 기도를 방해하는 것 또한 마귀의 역사입니다. 죄를 지었다면 진실한 마음으로 예수 그리스도의 십자가 보혈을 의지하여 자복하고 회개하면 하나님께서 반드시 받아주십니다.

종교개혁자 마르틴 루터*Martin Luther*는 수도사였습니다. 수도사는 죄를 지으려고 해도 지을 수 없는 사람입니다. 간음죄를 지을 수 없고, 도둑질할 것도 없고, 명예나 권세를 얻기 위해 출세할 필요도 없으니 욕망의 노예가 될 일도 없습니다. 그러나 루터는 수도원에서 오직 하나님 앞에 기도와 명상을 하며 살아가는데도 죄로 고민했습니다. 그는 가슴을 쥐어뜯으며 "내 죄, 내 죄, 내 죄입니다."라고 말하며 괴로워했습니다. 아무리 회개하고 고행해도 마음에서 일어나는 죄 문제가 해결되지 않았던 것입니다.

당시 로마에는 '스칼라 산타(Scala Sancta)'라는 성당이 있었습니다. 이 성당에는 예수님이 빌라도 앞에서 재판받으실 때 올라가셨다는 계단이 있습니다. 콘스탄티누스 대제의 어머니 헬레나가 그것을 뜯어다가 성당 안에 옮겨

놓았다고 합니다. 많은 사람이 이 계단을 무릎으로 기어오르면 죄 사함을 받는다고 믿었습니다. 심지어 여기에서 기도하면 연옥에 있는 죄인도 구원받는다고 믿기도 했습니다. 루터도 그곳을 무릎으로 기어오르며 한 계단 오를 때마다 입을 맞추고, 주기도문을 외웠습니다. 그러나 다 올라갔는데도 해결된 것이 아무것도 없었습니다. 그때, 마치 큰 불빛을 보는 것처럼 말씀이 들려왔습니다.

"의인은 믿음으로 말미암아 살리라."

루터는 이 말씀을 통해 '무릎으로 계단을 기어오른다고 죄 사함을 받는 것이 아니라 믿음으로 말미암아 의롭다함을 받아야 하는 것이구나!' 하고 깨달았습니다.

회개는 죄와의 전쟁에서 승리하는 힘이다

어떤 분이 같은 죄를 자꾸 반복하여 회개하는 것이 하나님께 너무 죄송하여 더 이상 회개하지 못하겠다고 말하는 것을 들었습니다. 그러나 우리의 하나님은 몇 번이고 용서해주시는 분이십니다.

베드로는 형제를 몇 번이나 용서해야 하는지를 예수님께 물었습니다. 예수님은 "일곱 번뿐 아니라 일곱 번을 일흔 번까지라도 할지니라(마 18:22)"라고 대답하셨습니다. 이 말씀은 예수님도 우리를 반복해서 용서해주신다는 약속을 담고 있습니다.

요한일서 5장 18절에서는 "하나님께로부터 난 자는 다 범죄하지 아니하는 줄을 우리가 아노라 하나님께로부터 나신 자가 그를 지키시매 악한 자가 그를 만지지도 못하느니라"라고 했습니다. 정말 하나님의 사람은 죄를 짓지 않을까요? 저절로 죄를 짓지 않게 되는 것은 아닙니다. 단, 회개를 통하여 죄를 짓지 않게 된다는 말입니다. 회개를 통하여 주님을 바라보게 되므로 죄를 이기게 되는 것입니다.

하나님의 용서를 믿으면 변화의 은혜를 누린다

성경적인 회개의 기초는 완전한 용서입니다. 그리스도를 구세주로 영접한 참된 그리스도인의 삶에는 완전한 용서가 바탕에 깔려 있습니다. 살아가다가 혹시 실수하고 넘어진다 할지라도 하나님은 언제나 용서해주십니다. 혹시 이런 하나님의 용서를 이상하다거나 잘못된 것이라고 여긴 적이 있습니까? '언제나 용서해주시는 하나님이라면 마음껏 죄를 지어도 회개만 하면 되겠네?'라고 생각하는 사람이 있을까 걱정하는 이도 있을 것입니다. 은혜는 언제나 이렇게 악용당할 위험성을 가지고 있습니다.

그렇지만 하나님은 분명히 회개하면 모든 죄를 사하신다고 약속하셨습니다. 이 약속이 우리로 하여금 죄를 회개하게 합니다. 하나님이 몇 번이라도 회개하기만 하면 우리 죄를 용서하신다는 사실을 믿을 때, 우리의 삶은 변화됩니다. 우리 안에 계신 예수님께서 우리가 죄를 지을 때마다 고통을 겪으시는 것을 깨닫게 되기 때문입니다. 십자가에서도 그러셨고, 지금 우리 안에 계시면서도 그렇습니다.

에베소서는 "하나님의 성령을 근심하게 하지 말라 그 안에서 너희가 구원의 날까지 인치심을 받았느니라(엡 4:30)"라고 했습니다. 이 사실을 알면 죄가 싫어지게 됩니다. 죄가 싫어지면 곧 죄를 이긴 것입니다. 그래서 계속 회개하는 사람은 결국 죄를 이기는 것입니다. 보통 회개를 고통스러운 것이라 생각합니다. 그러나 회개는 예수님의 은혜를 가장 놀랍게 체험하는 수단이기도 합니다. 여기에 회개의 기쁨이 있습니다.

기억하기

1. 회개할 때, 용서의 확신을 가지고 기도해야 한다

   십자가를 붙잡고 철저히 회개한 뒤, 하나님이 완전히 용서해주셨다는 것을 믿으며 담대히 기도해야 한다.

2. 회개는 죄와의 전쟁에서 승리하는 힘이다

   하나님께서 우리의 반복적인 죄도 용서해주신다는 사실을 믿을 때 비로소 죄의 굴레에서 벗어날 수 있다.

3. 하나님의 용서를 믿으면 변화의 은혜를 누린다.

   우리를 향한 하나님의 완전한 용서는 일상을 놀라운 은혜의 삶으로 변화시킨다.

나눔

1. 반복적으로 넘어지는 죄가 있다면 어떤 것입니까?

2. 모든 것을 용서하시는 하나님의 은혜를 누리며 살고 있습니까?

공동체기도

1. 하나님이 나의 죄를 완전히 용서하신다는 확신을 갖게 하소서.

2. 마음속에 남아 있는 죄책감으로부터 자유를 얻게 하소서.

Week 7

회개와 죄의 고백

찬양

찬송가 : [151장] 만왕의 왕 내 주께서

복음성가 : 내 삶에 소망 내가 바라는 한 분(예수 닮기를)

기도

마음열기

만나면 늘 빛이 되어주는 믿음의 친구가 있습니까?

말씀

세리는 멀리 서서 감히 눈을 들어 하늘을 쳐다보지도 못하고 다만 가슴을 치며 이르되 하나님이여 불쌍히 여기소서 나는 죄인이로소이다 하였느니라 누가복음 18장 13절

진정한 회개는 자신의 죄를 고백하는 것부터 시작된다

진정한 회개란 무엇입니까? 회개란 다시는 죄를 짓지 않는 것이 아닙니다. 그렇다면 우리는 회개조차도 못할 것입니다. 죄를 짓지 않게 되는 것은 성령께서 도우셔야만 가능한 일입니다. 사도 바울은 로마서에서 사람이 자기 의지와 상관없이 악을 행한다고 했습니다.

> 내가 원하는 바 선은 행하지 아니하고 도리어 원하지 아니하는 바 악을 행하는도다 로마서 7장 19절

절대 죄를 짓지 말아야 한다고 하면 우리는 곧 절망에 빠질 것입니다. 사도 바울은 이런 상태를 "오호라 나는 곤고한 사람이로다 이 사망의 몸에서 누가 나를 건져내랴(롬 7:24)"라고 고백했습니다. 하나님이 우리에게 원하시는 것은 '다시는 죄를 짓지 않는 것'이 아니라 '진심으로 회개하는 것'입니다. 참 회개는 자신의 죄를 고백하는 것에서부터 시작됩니다. "고백만 한다고 회개라고 할 수 있습니까?"라고 질문할 수 있습니다. 하지만 자기 죄를 고백하는 것은 결코 쉬운 일이 아닙니다. 부부 싸움을 하거나 교인들 사이에 다툼이 일어났을 때, "제가 잘못했습니다." 라고 말하는 것이 쉽습니까? 결코 쉽지 않습니다. 교회 혹은 나라에 문제가 생겼을 때, "주여, 이것은 저의 죄 때문입니다."라고 고백하는 것은 어렵습니다. 만약 우리가 그렇게 고백하면 하나님은 역사하실 수 있습니다. 어떤 때는 "다시는 그러지 않겠습니다."라고 고백할 수 없을 정도로 좌절에 빠질 때도 있습니다. 그러나 어떤 것도 회개, 곧 죄를 고백하는 것을 막아서면 안 됩니다. 회개의 역사가 없다면 하나님이 주시는 회

복의 역사도 없습니다. 진정으로 죄를 이기길 원한다면 자기 죄를 고백해야 합니다.

교회는 서로의 죄를 회개하는 고백 공동체여야 한다

회개의 은혜를 아는 사람은 자신을 회개하도록 인도해주는 사람에게 감사하게 됩니다. 누군가가 진정으로 회개하도록 도와주는 일은 그를 귀하게 섬기는 방법입니다. '낙타 무릎'이라는 별명을 가졌던 사도 야고보는 초대교회에서 하나님의 능력이 떠나가는 것을 안타깝게 여겨 '야고보서'를 썼습니다. 그는 기도에 대해 "그러므로 너희 죄를 서로 고백하며 병이 낫기를 위하여 서로 기도하라 의인의 간구는 역사하는 힘이 큼이니라(약 5:16)"라고 썼습니다. 병이 낫도록 기도하기 전에, 먼저 '죄를 서로 고백'하라고 말한 이유가 무엇이겠습니까? 그렇게 할 때 비로소 하나님의 능력이 크게 역사하기 때문입니다.

오늘날 교회에 하나님의 능력이 사라지는 것은 교회와 교인의 회개가 사라졌기 때문입니다. 회개는 그리스도인이 죄와 세상을 이기는 가장 큰 무기입니다. 하나님의 은혜를 누리는 복의 문입니다. 하나님은 우리가 죄를 지어서 슬퍼하시기보다, 회개하지 않아서 슬퍼하십니다. 여러분은 회개하지 않고 지나간 일은 없습니까?

우리나라는 선교 초창기에 영적 대각성을 경험했습니다. 1903년 원산에서 시작하여 1907년에 평양에서 절정에 이른 부흥운동이었습니다. 이 영적 대각성은 1903년, 선교사였던 로버트 하디*R. A. Hardie* 목사의 회개로 시작되었습니다. 하디 목사는 당시 다른 선교사들처럼 우월감을 가지고 선교에 임했습니다. 그는 우리 민족을 열등한 민족으로 생각했고 그렇게 대했습니다. 그런데 사경회 도중 자신의 죄를 고백하게 되었고, 이후 성도들도 죄를 고백함으로 영적 부흥이 일어났습니다. 기록에 의하면 단순히 남을 미워하거나 질투한 일, 남을 훼방한 일 외에도 도둑질, 살인, 강간과 같은 죄를 고백하며 회개하는 사람의 수가 많았다고 합니다. 이런 죄의 고백으로 일본 경찰이 범인을 잡으려고 교회로 찾아오기까지 했다고 합니다. 1904년 3월, 서울 잣골교회(자교교회)에서 부흥회 기간의 기록 중의 일부입니다.

"이야말로 가장 놀라운 집회였다. 깊은 죄의식으로 온갖 추악한 죄들을 고백했고 훔친 재물도 돌려주었다. 성도 대부분은 죄가 어떤 것이고 죄 사함이 어떤 것인지 처음으로 알게 되었다. 그 결과 참석했던 사람들은 새 삶을 살게 되었고 복을 얻었다. 이 집회를 통하여 우리가 확신한 바는 성령께서 한국인들의 마음을 움직여 현재의 구원을 확신케 하시고 증거하게 하셨다는 것이다."

회개의 기쁨을 누리기 위해서는 기회를 놓치지 말아야 한다

회개에도 기회가 있습니다. 회개는 기회를 놓치면 안 됩니다. 하나님은 모든 죄인이 회개하고 하나님의 사랑 안에 돌아오기를 원하십니다. 그러나 언제까지 죄인을 기다려 주시는 것은 아닙니다. 더 이상 회개할 가능성이 없다고 판단될 때는 심판이 있습니다. 회개하고 싶어도 할 수 없는 마지막 때가 옵니다. 그 전에 온전한 회개를 이루어 용서하시는 하나님의 은혜를 누려야 합니다. 징계받아 바다에 던져졌던 요나가 회개함으로 다시 선지자로서 온전한 삶을 살 수 있었던 것처럼, 성령의 근심을 깨달았다면 그 즉시 회개해야 합니다.

기억하기

1. 진정한 회개는 자신의 죄를 고백하는 것부터 시작된다.

   참 회개는 우리의 힘으로 되지 않는다. 우리가 죄를 고백할 때 성령께서 진정한 회개를 이루어주신다.

2. 교회는 서로의 죄를 회개하는 고백 공동체여야 한다.

   교회 안에서 교인들이 서로 죄를 고백할 때, 회개의 축복으로 세상에서 승리할 수 있다.

3. 회개의 기쁨을 누리기 위해서는 회개의 기회를 놓치지 말아야 한다.

   회개의 기회를 놓치지 않고 붙잡을 때 하나님 앞에서 은혜로운 삶을 살 수 있다.

나눔

1. 내 삶에는 하나님의 능력이 나타나고 있습니까?

2. 죄의 문제를 해결하기 위해 다른 사람에게 죄를 고백한 적이 있습니까?

공동체기도

1. 회개의 기회를 놓치지 않는 성도가 되게 하소서.

2. 우리 교회가 성령의 능력으로 정결함을 회복하게 하소서.

Week 8

내 안에 계신 예수님

찬양

찬송가 : [92장] 위에 계신 나의 친구

복음성가 : 나의 안에 거하라 나는 네 하나님이니

기도

마음열기

천국에 가서 예수님을 만나면 어떻게 인사할 것 같습니까?

말씀

내 안에 거하라 나도 너희 안에 거하리라 … 요한복음 15장 4절

그리스도인은 예수님과 인격적 교제를 나누는 사람이다

그리스도인이라는 이름의 유래를 아십니까? 사도행전에 보면 안디옥 교회 성도들이 주위 사람들에게 그리스도인이라 불렸다고 했습니다. 예수님을 믿는 사람이 스스로 칭하던 것이 아니라 불신자들이 붙인 호칭입니다. '그리스도에게 속한 사람'이라는 의미로 '그 사람 안에 예수 그리스도께서 계시다.'라는 뜻이 담겨 있습니다.

여러분은 그리스도인입니까? 예수님을 믿는 사람은 예수님을 진정 구주로 영접하고 예수님과 인격적인 교제를 나누는 사람입니다. 여러분은 "예수님은 내 안에 계십니다."라고 고백할 수 있습니까? 그렇다면 그리스도인입니다.

예수님이 우리 안에 계신 증거는 무엇입니까? 많은 사람이 자신 안에 느껴지는 평안과 사랑과 은혜로 예수님이 우리 안에 계시다고 말합니다. 물론 그것도 증거일 수 있습니다. 그러나 아무리 열심을 가진 그리스도인이라 할지라도, 항상 그 마음을 유지할 수는 없습니다. 만약 우리가 죄나 시련으로 말미암아 좌절과 슬픔에 빠져 있다면, 예수님이 우리에게서 떠나신 것입니까? 그렇지 않습니다. 예수님께서 마음에 거하시는 증거를 정확히 알지 못하여 많은 그리스도인이 '함께하시는 예수님'에 대한 확신을 갖지 못하고 있습니다. 그렇다면 예수님이 거하시는 증거는 무엇입니까?

예수님과 동행하는 사람은 거룩한 삶을 살 수 있다

예수님과 싸워본 적이 있습니까? 만약 싸운다면 항상 예수님이 이기셨습니까? 한번 생각해보십시오. 지금까지 예수님이 여러분에게 기도하라, 성경을 읽으라, 헌신하라, 용서하라, 전도하라 하실 때, 여러분은 순종하셨습니까? 우리는 마음대로 하려는 속성을 가지고 있습니다. 이런 우리를 예수님이 인도하기가 얼마나 어려우시겠습니까? 예수님을 영접해놓고 예수님을 이기고 사는 꼴입니다. 교회는 어떻습니까? 예수님이 교회의 머리라고 고백하면서도 예수님 마음대로 피아노 한 대도 쉽게 옮길 수 없는 교회가 얼마나 많습니까? 교인들이 주인 노릇을 하는 교회, 특정한 사람 마음대로 좌지우지하는 교회가 너무나 많습니다.

우리는 "예수님이 내 안에 계십니다."라고 고백하지만, 음란한 일이나 거짓말 같은 유혹을 받을 때 예수님이 막으실 수 있습니까? 우리는 혼자 있을 때, 너무 쉽게 죄에 무너집니다. 사람들의 눈만 피하면 아무도 모를 거라 생각합니다. 가족이나 친한 사람들 사이에서는 별의별 말과 행동을 다 합니다. 예수님이 항상 함께하신다는 것을 실제로는 믿지 않기 때문입니다. 예수님이 함께하신다는 것을 진정으로 믿는 사람만이 거룩한 삶을 살 수 있습니다.

세계적인 전도자이자 설교자인 디엘 무디의 과거는 매우 초라했습니다. 학력이라고는 초등학교 졸업이 전부였고, 친구들에게 놀림당하기 일쑤였습니다. 그는 "너처럼 희망이 없는 사람이 또 어디 있을까? 네가 우리의 친구라는 것이 부끄럽다."라는 말도 들었습니다. 때문에 무디는 늘 고독했습니다. 학교는 물론, 교회에서도 주목받지 못했습니다. 말씀도 잘 찾지 못했고, 교회에도 잘 적응하지 못했습니다. 신학을 공부하기 위해 학교를 찾아갔다가, 신앙교육이 미흡하고 학교생활을 감당할 준비가 되어 있지 않다는 이유로 거절당하기도 했습니다. 그러나 무디는 자기 삶을 부끄러워하거나 열등감에 사로잡히지 않았습니다. 누가 흉을 보면 당당하게 자신의 실상을 시인했습니다. 그는 부자이거나 잘났기 때문에 당당했던 것이 아닙니다. 다만 무디는 빛이신 예수님을 알았습니다. 그는 항상 예수님과 동행하며 살았습니다. 예수님의 빛 가운데서 살았기에 그에게는 그 어떤 것도 문제가 되지 않았습니다. 하나님은 그런 무디를 들어 쓰셨고 그는 19세기 미국을 변화시킨 위대한 전도자가 되었습니다.

성령으로 오신 예수님은 말씀을 통해 만날 수 있다

우리는 작은 어려움에도 "주여, 우리는 어떻게 해야 합니까? 왜 우리를 홀로 내버려 두십니까?" 하며 탄식합니다. 그것은 예수님이 우리와 함께하신다는 사실을 믿지 못하기 때문입니다. 부활 승천하신 예수님은 하나님 보좌 우편에 계시지만, 성령으로 모든 믿는 사람에게 찾아오셨습니다. 예수님은 내주하시는 성령을 통해서 제자들과 모든 그리스도인 안에 계십니다. 이것이 바로 예수님이 오늘날 우리 안에 계시는 방식입니다. 예수님은 분명히 "내가 너희를 고아와 같이 버려두지 아니하고 너희에게로 오리라(요 14:18)"라고 말씀하셨고, 그 약속을 지키셨습니다.

우리 안에 계신 예수님을 어떻게 만날 수 있습니까? 조심해야 할 것은 우리 안에 계신 예수님을 체험으로만 알려고 해서는 안 됩니다. 예수님이 우리 안에 분명히 계시는데도, 계시지 않은 것처럼 느낄 수 있기 때문입니다. 예수님을 바르게 만나는 것은 '말씀'으로 만나는 것입니다. 이것을 깨달으면 우리는 언제 어디서나 예수님을 만날 수 있습니다.

기도할 때도, 성경을 읽을 때도, 예배를 드리다가도 예수님을 만날 수 있지만 모든 일상의 삶에서도 예수님을 만날 수 있습니다.

기억하기

1. 그리스도인은 예수님과 인격적 교제를 나누는 사람이다.
   예수님을 구주로 영접하고 진정으로 믿는 사람은, 예수님과의 인격적 만남을 통해 늘 예수님과 동행한다.

2. 예수님과 동행하는 사람은 거룩한 삶을 살 수 있다.
   예수님이 항상 함께하신다는 것을 믿는 사람은 예수님의 인도하심에 순종하며 거룩한 삶을 살게 된다.

3. 성령으로 오신 예수님은 말씀을 통해 만날 수 있다.
   부활 승천하신 예수님은 성령으로 오셔서 모든 믿는 자 안에서 함께하신다. 말씀을 통해 우리는 예수님의 존재를 더 확실하게, 지속적으로 알 수 있다.

나눔

1. 예수님이 내 안에 계신다는 것을 알고 있습니까?

2. 예수님이 내 안에 계신다고 믿는다면 그 증거는 무엇입니까?

공동체기도

1. 내 안에 계시는 예수님과 인격적인 관계를 맺고 풍성한 교제를 누리며 살게 하소서.
2. 예수님을 온전히 내 삶의 주인으로 모시고 살게 하소서.

Week 9

성령께서 내 안에 계신 증거 1

찬양

찬송가 : [284장] 오랫동안 모든 죄 가운데 빠져

복음성가 : 따스한 성령님 마음으로 보네(부르신 곳에서)

기도

마음열기

다른 사람을 용서해준 경험이 있습니까?

말씀

성령이 친히 우리의 영과 더불어 우리가 하나님의 자녀인 것을 증언하시나니

로마서 8장 16절

예수님을 구주로 고백한다

우리 안에 임하신 성령은 예수 그리스도를 바라보게 합니다. 그러므로 우리가 내주하시는 예수님을 믿으려면 성령께서 우리 안에 거하신다는 증거를 분명히 알아야 합니다. 안타깝게도 많은 그리스도인이 성령께서 자신 안에서 어떤 일을 하시는지 정확히 알지 못합니다. 그래서 예수 그리스도께서 내주하신다는 확신도 갖지 못하는 것입니다.

고린도전서 12장 3절과 요한일서 4장 15절에서는 성령에 의해 예수님을 주로 고백하게 된다고 했습니다. 우리는 예수님을 '주님'이라고 부르는 것이 너무 익숙하기에 특별하다고 느끼지 않습니다. 그러나 예수님을 '주님'으로 고백하는 일은 평범한 것이 아닙니다. 놀랍고 분명한 성령의 역사로만 이루어지는 일입니다. 불신자들은 예수님을 '주님'이라고 부르지 못합니다. 불신자에게 "예수님이 누구입니까?"라고 물으면, 4대 성인 중의 한 사람 또는 유대인이라고 대답할 수 있지만 "예수님은 나의 구주이십니다!"라고 고백하는 사람은 아무도 없습니다. 불신자들 안에는 예수님을 주님으로 믿게 하시는 성령이 계시지 않기 때문입니다.

하나님을 아버지라 부른다

로마서 8장 15-16절은 하나님을 아버지라고 부르게 되는 것이 성령의 역사라고 합니다. 만약 우리가 기도 중에 하나님을 '아버지' 혹은 '하나님 아버지'라고 부를 수 있다면, 그것은 우리 안에 성령이 역사하신다는 분명한 증거입니다. 성령을 받지 못한 이들도 하나님의 존재 자체는 인정할 수 있지만 절대로 하나님을 '아버지'라고 부르지는 못합니다. 구원받은 자에게는 '양자의 영'이 역사하고 있지만 불신자에게는 '무서워하는 종의 영'이 역사하고 있습니다. 야고보서 2장 19절에는 귀신들은 하나님을 잘 알지만 무서워 떤다고 했습니다. 십자가를 통해 죄사함의 은총을 받지 못한 자는 누구나 그 죄로 인하여 하나님을 무서워하게 됩니다. 이 모습이 '종의 영'을 가진 사람의 실체입니다.

하나님의 은혜를 깨닫는다

고린도전서 2장 12절은 성령(하나님으로부터 온 영)에 의해 하나님이 주시는 은혜를 알게 된다고 했습니다. 예수님을 믿지 않는 사람들은 '세상의 영'을 가지고 살아갑니다. 세상의 영으로 살아가는 사람들은 세상이 제공하는 것들로부터 기쁨과 행복을 느낍니다. 그러나 '하나님으로부터 온 영'으로 사는 사람들은 하나님께서 주시는 은혜를 알고 하나님이 주시는 것들로 기쁨과 행복을 느낍니다. 예배를 드리거나 말씀을 들을 때, '은혜롭다.'라고 느낀 적이 있다면, 그것은 우리 안에 은혜를 깨닫게 하시는 '하나님으로부터 온 영'이 있기 때문입니다. 불신자는 어떨까요? 그들에게는 성령의 역사가 없기에 은혜를 느끼지 못합니다. 우리가 하나님이 주신 은혜를 깨닫는 것은 성령의 역사입니다. 그래서 세상 사람이 좋아하는 노래와 성도가 은혜롭게 여기는 노래가 다른 것입니다. 성령께서는 평소에 은혜라고 깨닫지 못하던 것들이 하나님의 은혜임을 깨닫게 하십니다. 우리는 가족을 주신 것, 공동체를 만나게 하신 것, 건강을 주신 것, 일터를 주신 것 등에도 감사를 느끼지만, 하나님의 은혜로 고난까지도 감사하게 됩니다(살전 5:18).

용서와 사랑의 마음이 생긴다

요한일서 4장 12-13절을 보면 하나님 안에 거하는 사람은 서로 사랑한다고 말합니다. 예수님을 구주로 믿는 사람이라면, 어떤 사람이든 용서하고 사랑해야 한다는 마음의 강권함을 느낍니다. 만약 어떤 사람에게 오직 원수 갚을 마음만 생긴다면, 정말 예수님을 믿고 거듭난 사람인지 점검해봐야 합니다. 우리 안에 계신 성령께서는 "사랑하라. 용서하라."라고 말씀하시기 때문입니다.

한 부인이 복음을 전해 들었습니다. 그 부인은 "시어머니를 용서하게 될까봐 교회에 못 나가겠습니다."라고 말했습니다. 이유를 들어보니 결혼할 때 큰 상처를 주었던 시어머니를 절대 용서하지 않겠다고 결심하고 살아온 것입니다. 그 부인도 결혼 초에는 교회에 다닌 적이 있었답니다. 그런데 주일에 설교를 듣는데, 시어머니를 용서하라는 마음이 들더랍니다. 그래서 '이럴 수는 없어!' 하면서 교회를 뛰쳐나와 다시는 교회에 가지 않았다는 것입니다. 그 부인에게 용서하게 하시는 성령의 역사에 대하여 전했고 부인은 다시 교회에 나오게 되었습니다. 그분은 이미 처음 교회에 나갔을 때, 제대로 은혜받았던 것입니다.

만약 가정에서 부부 싸움을 했다면 그 문제에 대해 하나님께 기도하십시오. 처음에는 다 내가 잘했다고 생각하지만 기도하다 보면 내 잘못이 더 크다는 사실을 깨닫습니다. 자녀들이 잘못해서 야단을 치다가도 기도하면 부모인 내가 더 많은 문제가 있음을 인정하지 않을 수 없습니다. 이것이 예수님께서 하시는 일입니다. 누군가와 심하게 싸웠을 때도 주님의 도우심을 구해보십시오. 아무리 상대방이 잘못한 일이라 할지라도 주님은 우리 편을 들어주시지 않습니다. 억울한 사정을 낱낱이 아뢰면서 하나님을 설득해도 마찬가지입니다. 주님은 그런 기도에 대해서 "네 말이 옳다. 나도 그렇게 생각한다. 내가 네 편이 될 테니 끝까지 싸워서 반드시 이겨라."라고 말씀하시지 않습니다. 주님은 언제나 "네가 용서하라."라고 말씀하십니다. 성령께서는 용서와 사랑의 영이시기 때문입니다. 도저히 용서하고 사랑할 수 없을 것 같은 사람임에도 자꾸 용서하고 사랑하려는 마음이 생깁니까? 그렇다면 그것은 바로 성령께서 역사하시고 있다는 증거입니다.

기억하기

1. 성령께서 내 안에 계시면 예수님을 구주로 고백한다.

   그리스도인은 예수님을 주님으로 고백할 수 있지만 성령님이 함께하시지 않는 불신자는 그럴 수 없다.

2. 성령께서 내 안에 계시면 하나님을 아버지라 부른다.

   예수님의 십자가를 믿는 사람은 자신이 하나님의 자녀 됨을 알고, 하나님을 아버지로 부를 수 있다.

3. 성령께서 내 안에 계시면 하나님의 은혜를 깨닫는다.

   성령께서는 모든 환경 가운데 하나님의 깊은 사랑을 느끼게 해주신다.

4. 성령께서 내 안에 계시면 용서와 사랑의 마음이 생긴다.

   우리와 함께하시는 성령께서 다른 사람을 용서하고 사랑하는 마음을 갖도록 도와주신다.

나눔

1. 예수님을 나의 구주, 나의 하나님으로 고백하고 있습니까?

2. 하나님을 아버지로 친근하게 느끼고 있습니까?

공동체기도

1. 성령께서 내 안에 계시다는 증거가 더욱 분명하게 나타나게 하소서.

2. 주님께서 주시는 용서와 사랑의 마음에 순종하게 하소서.

Week 10

성령께서 내 안에 계신 증거 2

찬양

찬송가 : [21장] 다 찬양 하여라

복음성가 : 이 세상의 그 무엇으로(내 한 가지 소원)

기도

마음열기

하나님 말씀대로 순종했던 경험이나 교회의 부름에 헌신했던 경험이 있습니까?

말씀

너희 안에서 행하시는 이는 하나님이시니 자기의 기쁘신 뜻을 위하여 너희에게 소원을 두고 행하게 하시나니 빌립보서 2장 13절

성령의 근심을 깨닫는다

우리 안에 찾아오신 성령께서는 우리의 행동에 따라서 계속 거하시거나 떠나시거나 하지 않습니다. 그분은 우리가 완전한 구속을 얻는 날까지 우리 안에 계십니다. 설령 우리가 그분을 기쁘게 하지 못하더라도 절대 우리를 떠나지 않으시고 우리 안에서 근심하십니다. 그래서 그리스도인에게는 세상 사람에게 없는 독특한 마음의 근심이 있는 것입니다. 우리는 주일 성수를 하지 않았을 때, 헌금이나 기도를 성실히 하지 않았을 때, 용서하고 사랑하지 못했을 때, 거룩하게 살지 못한다고 생각될 때, 괴로움을 느낍니다. 세상 사람들에게는 근심의 이유조차 되지 못하며 이해하지 못합니다. 그러나 그리스도인들이 괴로움을 느끼고 근심하는 이유는 그들 안에 계신 성령께서 근심하시기 때문입니다.

우리는 성령의 근심이 무엇인지 잘 분별해야 합니다. 마음이 괴롭다면 즉시 돌이켜야 합니다. 성령께서 근심하실 때는 분명한 이유가 있습니다. 또한 성령의 근심은 우리 안에 성령께서 분명히 계신다는 확실한 증거이기도 합니다. 우리가 주님의 뜻대로 살지 못하였을 때, 주님이 자신을 떠나셨는지 아닌지는 성령의 근심이 있는지를 보면 알 수 있습니다.

한번은 어느 교회에서 부흥회를 인도하고 왔는데 한 성도가 이메일을 보내왔습니다.

"목사님, 저는 이번 부흥회 설교 중에 주님을 만났습니다. 오래전 큰 은혜를 체험하였으나 하나님과의 약속을 지키지 못하고, 지은 죄가 너무 많아서 회개조차 나오지 않았었습니다. 저는 하나님이 저를 버리셨다고 생각했습니다. 하나님이 여전히 저를 사랑하시고 함께하신다는 아무런 증거도 찾을 수 없었기 때문입니다. 이번 부흥회도 사실 아무런 기대 없이 습관처럼 참석했습니다. 그런데 목사님의 설교 중에 성령의 근심에 대한 말씀을 듣고 얼마나 눈물 흘렸는지 모릅니다. '하나님의 성령을 근심하게 하지 말라(엡 4:30).'라는 말씀을 듣고 저는 비로소 그동안 제 마음을 무겁게 하던 것이 '성령님의 근심하심'이었던 것을 깨달았습니다. 목사님, 제게 성령께서 여전히 저와 함께 계신다는 것을 깨닫게 해주셔서 정말 고맙습니다."

이 성도는 성령의 강력한 음성을 들으면서도 오히려 하나님께서 자기를 버리셨다고 생각하며 살았습니다. 그러나 말씀을 듣는 순간 그것이 여전히 함께 계시는 성령님의 근심임을 깨달은 것입니다.

하나님의 소원을 품는다

빌립보서 2장 13절은 하나님께서 우리 마음에 소원을 두고 행하게 하심으로 역사하신다고 말합니다. 마음에 성령을 모시고 있는 사람들은 하나님을 기쁘시게 하고 싶은 소원이 있습니다. 아무도 강요하지 않았는데 '하나님을 위해 무언가를 해야겠다.'라는 생각이 들거나 그 소원을 이루기 위해 기도하게 된다면 그것은 성령의 역사입니다.

하나님과 교회를 위하여 헌신하고자 하는 마음 또한 전적인 성령의 역사입니다. 불신자에게는 그런 일이 일어나지 않습니다. 사람의 본성에는 하나님을 위하여 무엇을 하고자 하는 마음이 없습니다. 마음에 하나님을 위한 소원이 있다면, 놓치지 말고 순종해야 합니다. 그럴 때 우리는 하나님의 역사를 경험하게 됩니다.

유난히 부모에 대한 책임을 갖고 부모님을 모시고 사는 성도들이 있습니다. 더 좋은 환경에서 부모님을 모실 수 있는 다른 형제들이 있음에도 기꺼이 부모님을 모시고 삽니다. 그런 책임감이 어디서 오는 것일까요? 하나님은 인간의 생각을 통해 역사하시는 분입니다. 다른 형제들이 부모에게 소홀히 하는 상황에서 '내가 부모님을 모셔야겠다.'라는 생각이 든다면 그것은 하나님이 주신 마음입니다. 하나님의 명령에 즐거이 순종할 때 하나님은 반드시 선한 결과를 주십니다.

전도하고 싶은 마음이 생긴다

마태복음 10장 19-20절은 하나님을 증거할 때 우리 아버지의 성령이 우리 안에서 말씀하신다고 했습니다. 성령께서 우리 안에서 역사하고 계심을 가장 분명히 알 수 있는 것은 전도할 때입니다. 말은 분명히 우리가 하지만, 그 내용은 우리 안에서 역사하시는 성령께서 주시는 것임을 경험합니다. 전도는 하나님이 일이기에 우리가 간절하고 뜨겁게 복음을 전하는 것입니다.

성령께서 함께하시는 증거는 총체적으로 살펴봐야 한다

말씀을 통하여 성령께서 여러분 안에 계신 것을 확인할 수 있었습니까? 그렇다면 여러분은 영생을 소유한 사람입니다.

예수를 죽은 자 가운데서 살리신 이의 영이 너희 안에 거하시면 그리스도 예수를 죽은 자 가운데서 살리신 이가 너희 안에 거하시는 그의 영으로 말미암아 너희 죽을 몸도 살리시리라 로마서 8장 11절

그러나 한 가지 주의할 것이 있습니다. 성령께서 우리 안에 계신 증거는 전체적으로 살펴야 한다는 것입니다. 어느 한 부분만을 가지고 성령께서 내 안에 계신다고 단정해서는 안 됩니다. 말씀을 전체적으로 적용해보고 진실하게 우리의 마음을 살펴보면 예수님이 우리 안에 계신 것을 확인할 수 있습니다.

기억하기

1. 성령께서 내 안에 계시면 성령의 근심을 깨닫는다.

   신앙생활에 있어 돌이켜야 할 일이 있을 때 우리 안에 계신 성령께서 그 근심을 깨닫게 해주신다.

2. 성령께서 내 안에 계시면 하나님의 소원을 품는다.

   성령께서 하나님을 기쁘시게 해드리고 싶은 소원을 품게 하시며 하나님의 역사를 경험하게 하신다.

3. 성령께서 내 안에 계시면 전도하고 싶은 마음이 생긴다.

   전도하는 것은 성령께서 우리 안에 계신다는 가장 강력한 증거이다.

4. 성령께서 함께하신다는 증거는 총체적으로 살펴봐야 한다.

   하나님의 말씀을 통해 우리 마음을 전체적으로 살펴봐야 성령의 임재를 확실히 알 수 있다.

나눔

1. 내 안에 계신 성령께서는 무엇 때문에 근심하십니까?

2. 예수님이 내 안에 계신다고 결론 내릴 수 있겠습니까?

공동체기도

1. 성령을 기쁘시게 하는 사람이 되게 하소서.

2. 하나님을 향한 거룩한 소원을 품고 살아가게 하소서.

부록

1. 찬양

찬양은 모임의 문을 여는 시간입니다. 각 소그룹은 찬양인도자를 미리 정합니다. 찬양인도자를 따로 정할 수 없는 경우, 인도자가 진행하는 것도 좋습니다. 교재에 있는 찬송가 혹은 복음성가 중에 한 곡을 선택해서 부릅니다. 혹은 함께 부를 수 있는 쉬운 곡을 정하는 것도 좋습니다. 인도자는 악보를 미리 공유하고 구성원들은 찬양을 들으며 모임을 준비하는 것이 좋습니다.

찬양을 통해 마음이 열리는 경우가 많습니다. 인도자는 찬양을 통해 구성원들의 마음이 열릴 수 있도록 기도로 준비합니다.

2. 기도

첫 주는 인도자가 대표로 기도하도록 합니다. 그 이후에는 모든 구성원이 돌아가면서 대표기도를 할 수 있도록 진행합니다. 기도를 훈련할 수 있는 과정이기 때문에 초신자의 경우에도 꼭 할 수 있도록 격려합니다. 인도자는 첫 주에 기도 순서를 정하고 구성원들이 3분 이내로 준비할 수 있도록 미리 안내합니다.

3. 마음열기

마음열기는 한 주간의 안부를 나누는 시간입니다. 모두가 답할 필요는 없으며 2-3명 정도만 대답해서 모임의 분위기를 편안하게 하는 것이 좋습니다.

상황에 따라 지난주에 특별한 일이 있었던 구성원의 근황을 물으며 개인적인 질문을 하는 것도 좋습니다. 구성원에게 관심을 표현할 수 있는 좋은 방법입니다. 다만, 전체 모임시간에 영향을 주지 않는 선에서 너무 많은 시간을 사용하지 않도록 주의해야 합니다.

4. 말씀

소그룹 모임 중에 가장 중요한 시간입니다. 설교자가 직접 말씀을 전하는 것은 아니지만 구성원들이 설교를 듣는 마음으로 임할 수 있도록 독려해야 합니다. 말씀은 한 단락씩 돌아가면서 읽습니다. 이 시간은 인도자가 구성원들에게 지식만을 전달하는 시간이 아닙니다. 말씀을 함께 읽고 구성원들이 스스로 생각하고 결론 내릴 수 있도록 도와주는 것이 중요합니다.

5. 기억하기

배운 내용을 상기하는 시간입니다. 말씀 중에서 꼭 기억해야 할 내용을 복습할 수 있도록 핵심을 정리해 놓았습니다. 함께 읽기보다 인도자가 준비한 부연 설명을 나눠주면 더 좋습니다.

6. 나눔

배우고 깨달은 것들을 함께 나누는 시간입니다. 나눔 질문은 모든 구성원이 빠짐없이 나눕니다. 이 질문을 그냥 지나쳐버리면 하나님이 주시는 근본적인 변화의 기회를 놓칠 수도 있습니다. 인도자는 구성원들이 한 주전에 미리 읽어보고 대답을 준비해오도록 하는 것이 좋습니다.

나눔을 진행할 때는 돌아가면서 순서대로 하는 것보다 인도자가 순서를 직접 정해주는 것이 좋습니다. 인도자가 영적인 분위기를 잘 살피면서 나눔 순서를 정합니다. 그러면 모두가 마지막까지 다른 사람의 나눔에 귀 기울여 잘 듣게 됩니다.

정답이 있는 질문이 아니므로 솔직하게 나눌 수 있도록 구성원들을 격려합니다. 인도자가 먼저 진실하고 정직하게 나누는 모범을 보여주는 것이 좋습니다. 구성원들은 자신의 이야기를 나누면서 생각을 정리하고 결단하게 됩니다. 또한 다른 사람의 이야기를 들으면서 간접적으로도 배움을 얻습니다. 구체적이고 실제적인 나눔을 통해 자신이 실천할 내용까지 고백할 수 있는 시간이 되도록 인도합니다.

7. 공동체기도

제시된 기도제목을 놓고 함께 기도하며 기도의 영역을 확장하는 시간입니다. 인도자가 따로 말씀을 전하는 시간은 아니지만, 이 시간만큼은 인도자가 구성원들의 영적리더로서의 역할을 감당하는 중요한 시간입니다. 고로 공동체기도 시간은 인도자가 가장 많이 기도로 준비해야 하는 순서입니다.

주어진 내용으로 공동체기도를 한 후에는 나눔을 통해 알게 된 구성원들의 기도제목을 놓고 기도할 수 있습니다. 제시된 기도제목 외에 추가적인 기도제목이 많을 경우, 별도로 알려주고 한 주간 함께 기도할 것을 독려합니다.

인도자는 구성원들이 '하나님 나라와 의'를 위해, '선교 완성'을 위해, '교회와 민족'을 위해, '다음 세대'를 위해 보다 폭넓게 중보기도 할 수 있도록 동기부여 해주는 것이 좋습니다.

건강한 소그룹의 특징

첫째, 소그룹은 하나님의 가족 공동체입니다.

교회는 하나님의 집이고, 교회의 성도들은 본질적으로 하나님의 가족입니다(엡 2:19). 소그룹은 하나님의 자녀들이 모이는 가족모임입니다. 가족 같은 사람들의 모임이 아니라 바로 가족들의 모임입니다. 예수님과 같은 사랑으로 서로를 섬기며 끝까지 책임지는 것이 공동체입니다.

둘째, 소그룹은 그리스도인 공동체입니다.

교회는 건물이 아니라 구원받은 성도들의 연합입니다. 교회는 예수 그리스도의 몸입니다. 성도들은 다 다르지만 하나의 몸으로 서로 연결되어 있습니다. 오직 머리 되신 예수 그리스도를 중심으로 각 지체가 모여 한 몸을 이룹니다. 건강한 공동체는 모든 지체가 건강한 것이 아니라 모든 지체가 건강하지 않더라도 서로의 연약함을 섬기며 한 몸을 이루는 공동체입니다.

셋째, 소그룹은 성령으로 하나 된 공동체입니다.

소그룹에는 다양한 사람들이 모이지만 성령으로 하나를 이룹니다. 소그룹에는 하나님의 거룩한 영이 임하십니다. 우리의 몸은 성령이 계신 성전이라고 했습니다. 소그룹에서 삼위일체 하나님의 영적 교제가 이루어집니다. 하나님은 성령을 보내주셨고 성령은 예수 그리스도를 증거합니다. 그러므로 성령으로 하나 된 소그룹은 모일 때마다 살아계신 하나님을 체험합니다.

넷째, 소그룹은 하나님 나라에 속한 시민의 공동체입니다.

예수님을 믿는 사람 모두는 하나님 나라의 시민입니다. 하나님 나라의 시민에게는 이 땅을 사는 동안 특별한 권리와 의무가 있습니다. 바로 '하나님 나라 확장을 위한 사명'입니다. 그리스도인에게는 세상을 향해 복음을 가지고 나아가 전파해야 하는 사명이 있습니다. 하나님 나라가 이 땅 위에 확장되는 것을 제일의 목적으로 삼아야 합니다. 모일 때마다 영혼구원을 위해 기도하고 흩어지면 전도합니다. 소그룹은 하나님 나라 선교를 위해 헌신하기로 결단한 사람들의 모임입니다.